Impressum
Verlag: BABADADA GmbH, Nedderfeld 112 , 22529 Hamburg
Geschäftsführer / Verlagsleitung: Harald Hof
Druck: Books on Demand GmbH, In de Tarpen 42, 22848 Norderstedt

Imprint
Publisher: BABADADA GmbH, Nedderfeld 112 , 22529 Hamburg, Germany
Managing Director / Publishing direction: Harald Hof
Print: Books on Demand GmbH, In de Tarpen 42, 22848 Norderstedt

škola

sakola

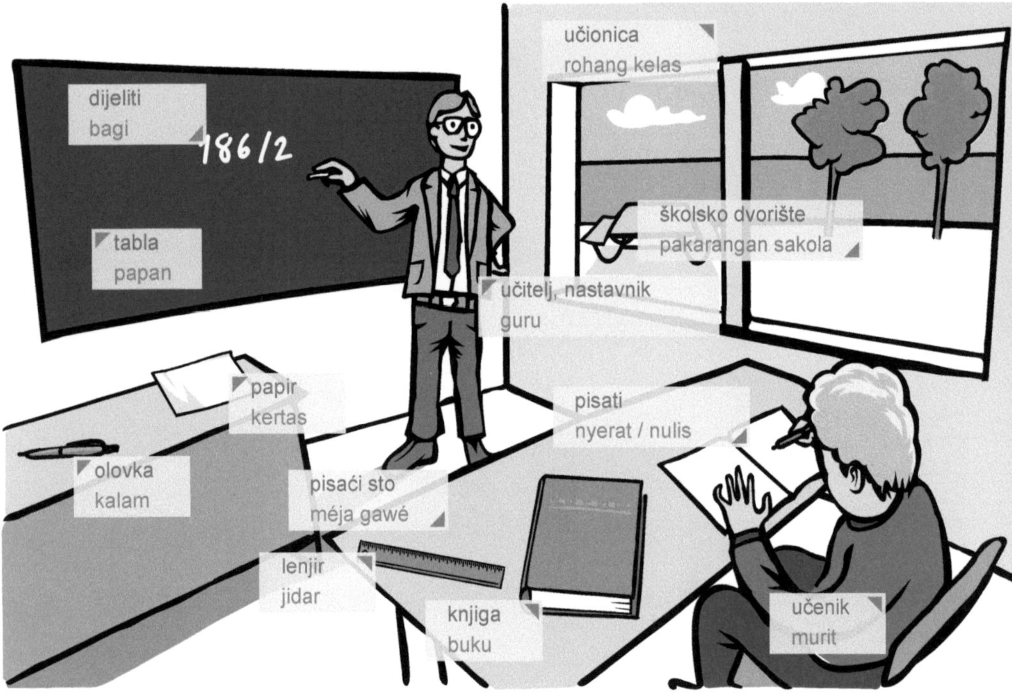
učionica
rohang kelas
dijeliti
bagi
186/2
tabla
papan
školsko dvorište
pakarangan sakola
učitelj, nastavnik
guru
papir
kertas
pisati
nyerat / nulis
olovka
kalam
pisaći sto
méja gawé
lenjir
jidar
knjiga
buku
učenik
murit

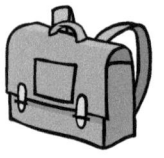

torba

tas sakola

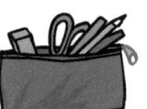

pernica

wadah potlot

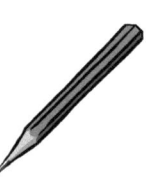

drvena olovka

potlot

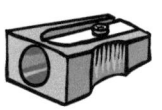

šiljalo za olovke

rautan potlot

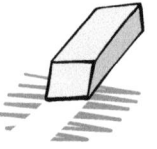

gumica

pamupus

blok za crtanje

kertas gambar

crtež

gambar

kist

kuas cét

kutija s bojama

kotak cét

makaze

gunting

ljepilo

lém

vježbanka

buku latihan

domaća zadaća

péér

broj

angka

sabirati

nambahkeun

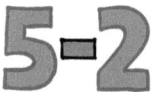

oduzimati

kurang

množiti

kali

računati

ngitung

slovo

surat

abeceda

alpabét

riječ

kecap

tekst

téks

čitati

maca

kreda

kapur

sat

palajaran

školski dnevnik

daptar

ispit

ujian

svjedočanstvo

sértipikat

školska uniforma

saragam sakola

izobrazba

atikan

leksikon

énsiklopédi

univerzitet

univérsitas

mikroskop

mikroskop

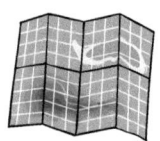

karta

peta

korpa za papir

wadah runtah

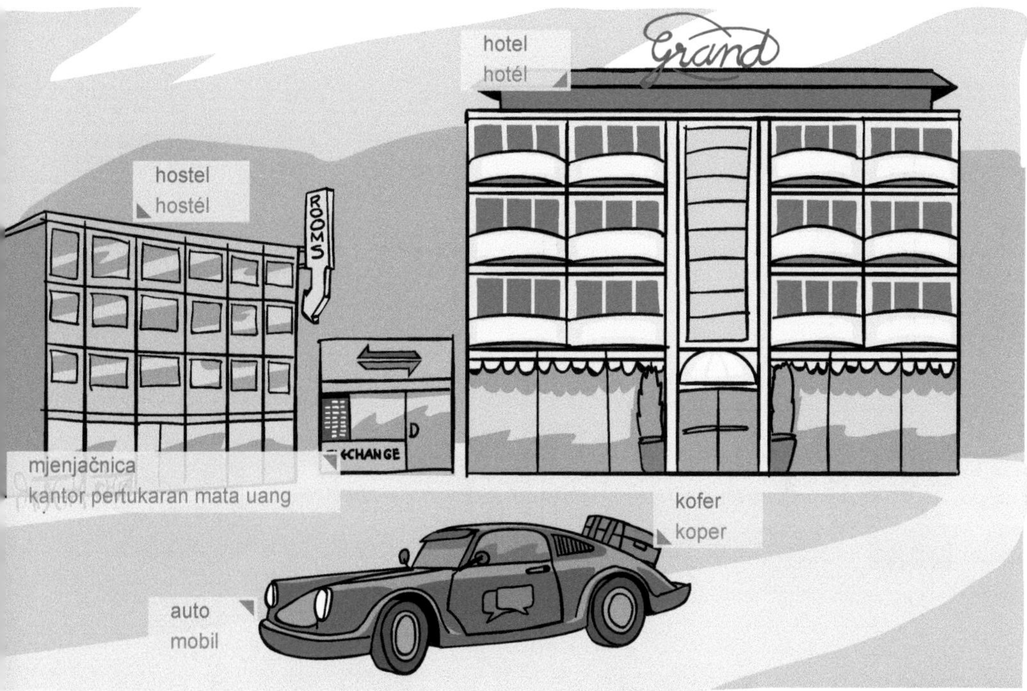

hotel
hotél
Grand
hostel
hostél
ROOMS
EXCHANGE
mjenjačnica
kantor pertukaran mata uang
kofer
koper
auto
mobil

jezik

basa

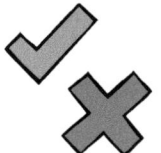

da / ne

muhun / henteu

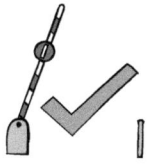

okej

oké

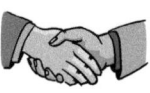

zdravo

hei

tumač

panarjamah

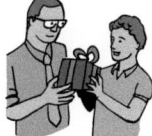

hvala

hatur nuhun

Koliko košta...?

sabaraha hargana...?

Ne razumijem

abdi teu ngartos

problem

masalah

dobro veče!

Wilujeng wengi!

Dobro jutro!

Wilujeng siang!

Laku noć!

Wilujeng wengi!

doviđenja

mugi patepang deui

smjer

arah

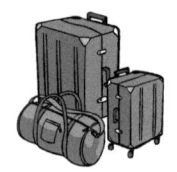

prtljag

bagasi

torba

kantong

ruksak

ransel

gost

tamu

soba

rohang

vreća za spavanje

kantong saré

šator

tenda

turističke informacije

informasi wisata

plaža

pantai

kreditna kartica

kartu krédit

doručak

sarapan

ručak

dahar beurang

večera

dahar peuting

putna karta

tikét

lift

lift

poštanska markica

perangko

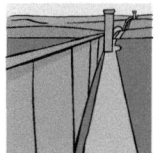

granica

wates

carina

cukai

ambasada

kedutaan

viza

visa

pasoš

paspor

transport
transportasi

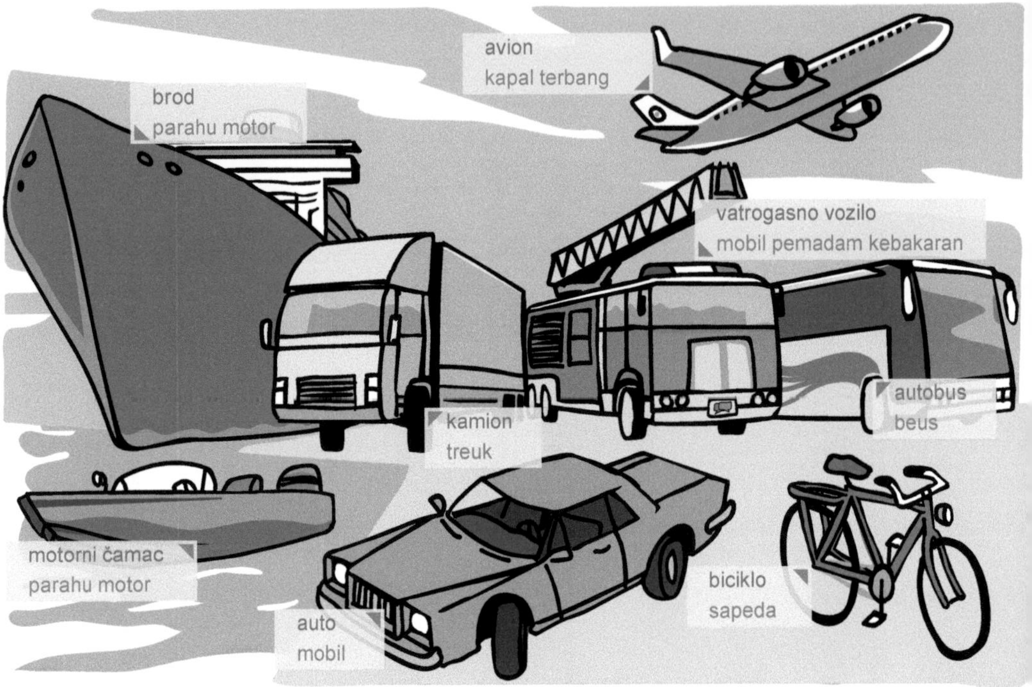
avion
kapal terbang
brod
parahu motor
vatrogasno vozilo
mobil pemadam kebakaran
autobus
beus
kamion
treuk
motorni čamac
parahu motor
biciklo
sapeda
auto
mobil

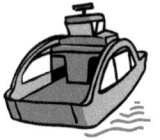

trajekt

kapal féri

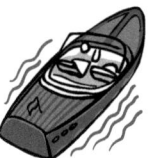

brod

parahu

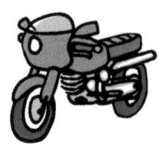

motocikl

sapeda motor

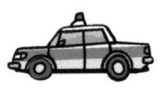

policijski automobil

mobil pulisi

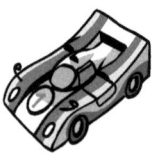

trkaći automobil

mobil balap

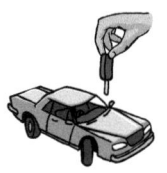

unajmljeni automobil

mobil nyéwa

kar-šering

mobil babarengan

pauk

treuk dérék

smećarsko vozilo

treuk runtah

motor

motor

gorivo

bahan bakar

benzinska pumpa

bénsin

saobraćajni znak

tanda lalulintas

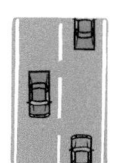

saobraćaj

lalulintas

zastoj

macét

parking

parkir mobil

željeznička stanica

stasiun karéta

šine

trék

voz

karéta api

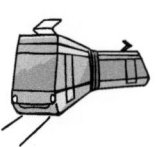

tramvaj

tram

vagon

garobag

helikopter

hélikopter

aerodrom

bandara

toranj

munara

putnik

panumpang

kontejner

konténer

karton

karton

tačke

troli

korpa

karanjang

poletjeti / sletjeti

terbang / landas

grad
kota

selo

kampung

centar grada

tengah kota

kuća

imah

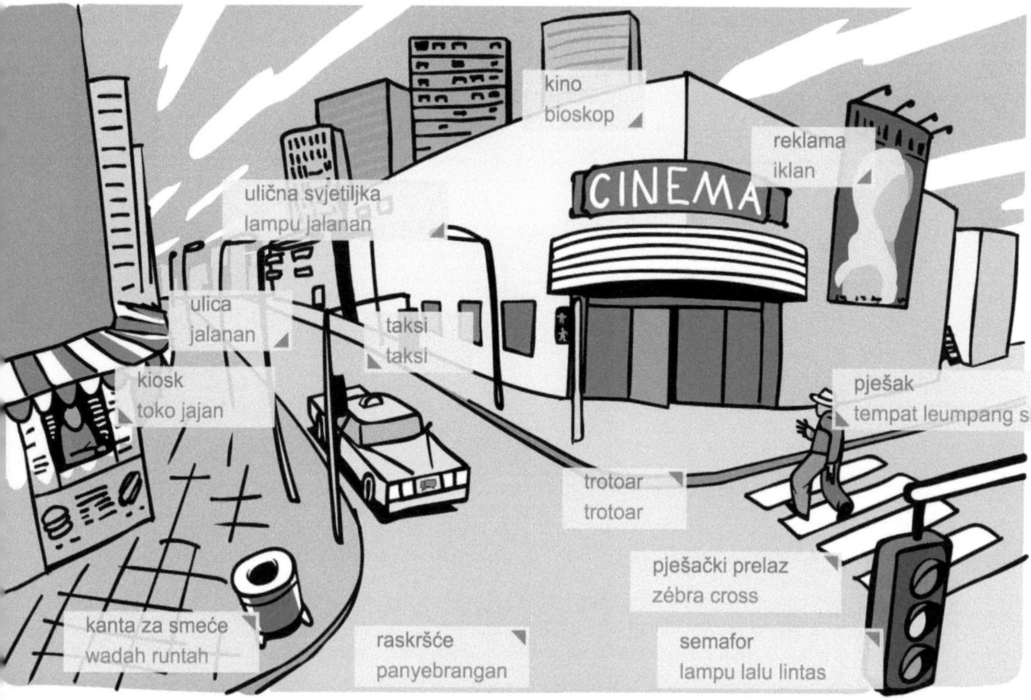

kino
bioskop

reklama
iklan

ulična svjetiljka
lampu jalanan

CINEMA

ulica
jalanan

taksi
taksi

pješak
tempat leumpang sisi

kiosk
toko jajan

trotoar
trotoar

pješački prelaz
zébra cross

kanta za smeće
wadah runtah

raskršće
panyebrangan

semafor
lampu lalu lintas

koliba
gubuk

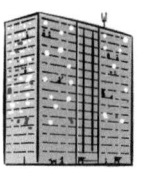

stan
imah flat

željeznička stanica
stasiun karéta

vjećnica
balai kota

muzej
museum

škola
sakola

univerzitet

univérsitas

banka

bank

bolnica

rumah sakit

hotel

hotél

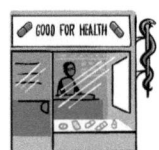

apoteka

farmasi

ured

kantor

knjižara

toko buku

radnja

toko

cvjećara

toko kembang

supermarket

supermarkét

pijaca

pasar

robna kuća

swalayan

prodavač ribe

nalayan

trgovački centar

pusat balanja

luka

palabuan

park

kebon

klupa

korsi

most

sasak

stepenice

tangga

podzemna željeznica

kareta bawah tanah

tunel

torowongan

autobuska stanica

halte beus

bar

bar

restoran

restoran

poštanski sandučić

kotak surat

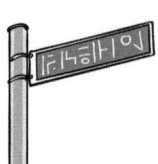

saobraćajni znak

tanda jalan

sat za naplatu parkinga

meteran parkir

zoološki vrt

kebon binatang

bazen

kolam renang

džamija

masigit

seosko imanje

pertanian

zagađenje okoline

polusi

groblje

kuburan

crkva

gareja

igralište

tempat ulin

hram

pura

krajolik

pamandangan

list
daun

putokaz
panunjuk arah

putokaz
jalanan

livada
ladang jukut

kamen
batu

drvo
tangkal

putnik
tukang leumpang

rijeka
susukan

trava
jukut

cvijet
kembang

dolina

lengkob

brdo

bukit

jezero

tasik

šuma

leuweung

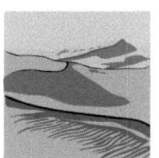

pustinja

gurun

vulkan

gunung marapi

dvorac

karaton

duga

katumbiri

gljiva

suung

palma

tangkal palem

komarac

reungit

muha

laleur

mrav

sireum

pčela

nyiruan

pauk

lamat lancah

buba
nyiruan

žaba
bangkong

vjeverica
bajing

jež
landak

zec
kalinci

sova
bueuk

ptica
manuk

labud
soang

divlja svinja
bagong

jelen
kijang

los
kijang

brana
bendungan

vjetrenjača
turbin angin

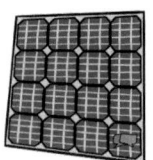

solarni modul
panél surya

klima
iklim

restoran

restoran

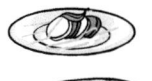

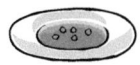

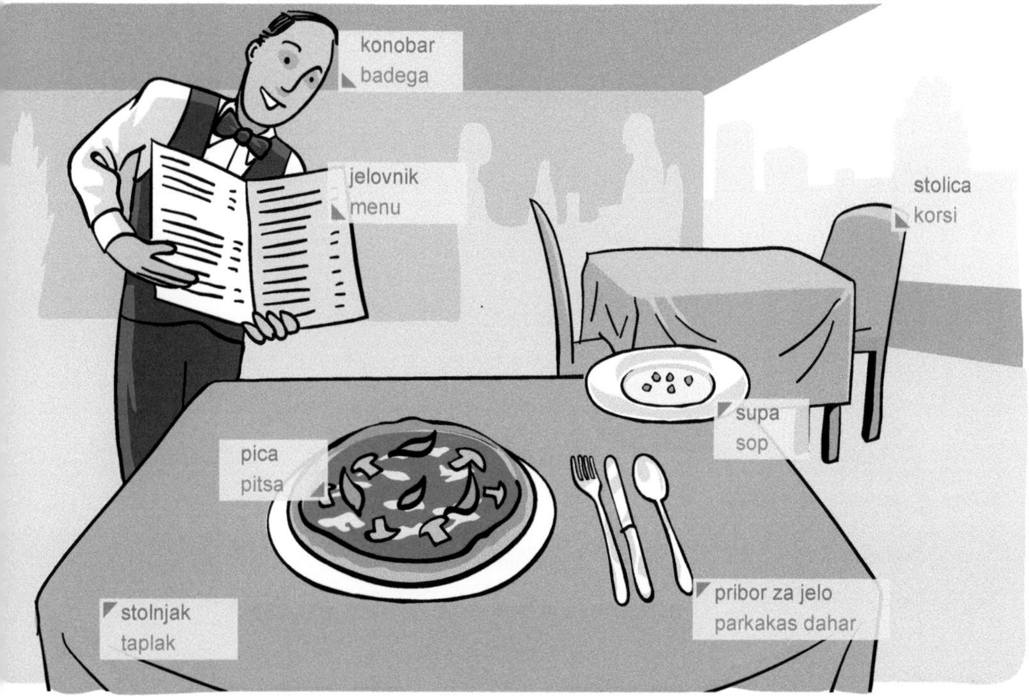
konobar
badega
jelovnik
menu
stolica
korsi
supa
sop
pica
pitsa
pribor za jelo
parkakas dahar
stolnjak
taplak

predjelo

hidangan pembuka

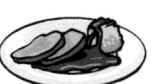

glavno jelo

hidapan utama

desert

hidangan penutup

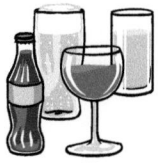

piće

inuman

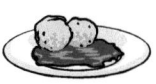

jelo

dahareun

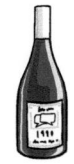

flaša

botol

brza hrana

dahareun cepat saji

jelo sa ulice

jajanan sisi jalan

čajnik

téko téh

šećernica

wadah gula

porcija

porsi

mašina za espreso

mesin éspréso

barska stolica

korsi jangkung

račun

tagihan

tacna

baki

nož

péso

viljuška

garpu

kašika

séndok

kašičica

séndok téh

salveta

serbét

čaša

gelas

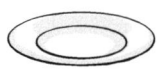

tanjir

piring

tanjir za supu

mangkok sop

tanjurić

pisin

sos

saos

solanik

wadah uyah

mlin za biber

panggiling pedes

sirće

cuka

ulje

minyak

začini

bumbu

kečap

saos tomat

senf

mustard

majoneza

mayonés

supermarket
supermarkét

ponuda
tawaran husus
FOR
klijent
klién
mliječni proizvodi
produk susu
voće
buah
kolica za kupovinu
troli

BUTCHERS

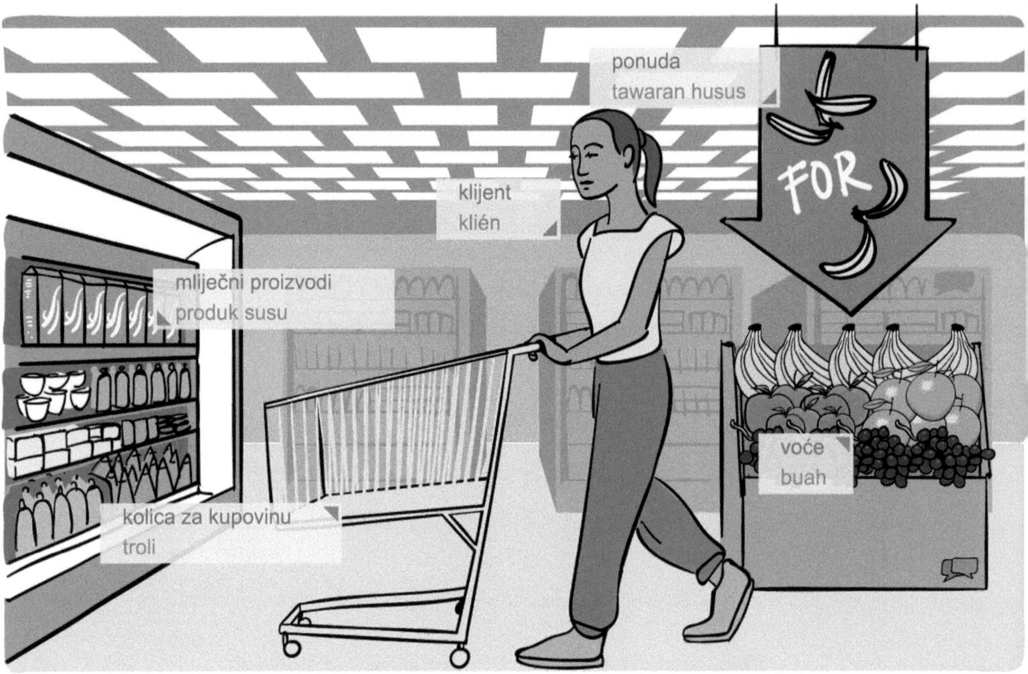

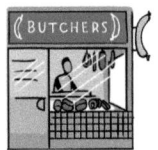

mesnica- klaonica

tukang meuncit

BAKERY

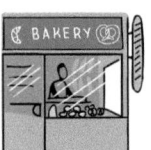

pekara

toko roti

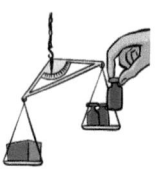

vagati

nimbang

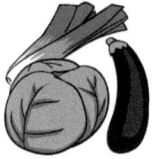

povrće

sayur

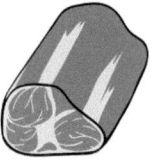

meso

daging

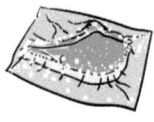

zaleđena hrana

tuangeun beku

narezak

alat potong daging

konzerve

dahareun kaléng

prašak za veš

sabun serbuk

slatkiši

permén

kućanski proizvodi

perkakas rumah tangga

sredstvo za čišćenje

produk pembersih

prodavačica

tukang jualan

kasa

kasa

blagajnik

kasir

lista za kupovinu

daftar balanja

radno vrijeme

jam buka

novčanik

dompét

kreditna kartica

kartu krédit

torba

kantong

najlonska vrećica

kantong palastik

voda

cai

sok

jus

mlijeko

susu

kola

kola

vino

anggur

pivo

arak

alkohol

arak

kakao

coklat

čaj

téh

kafa

kopi

espreso

éspréso

kapućino

kapucino

banana

pisang

jabuka

apel

narandža

jeruk

lubenica

samangka

limun

lémon

mrkva

wortel

bijeli luk

bawang bodas

bambus

awi

crveni luk

bawang bombai

gljiva

suung

orašasti plodovi

suuk

pasta

emih

špagete

spagéti

riža

sangu

salata

salat

pomfrit

kentang goréng

pečeni krompir

kentang goréng

pica

pitsa

hamburger

hamburger

sendvič

roti lapis

šnicla

sakeureut daging

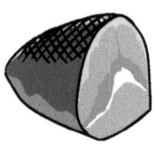

šunka

ham

kobasica

salami

kobasica

sosis

kokoš

hayam

pečenje

ngagoreng

riba

lauk

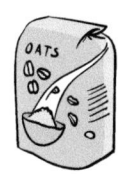

zobene pahuljice

bubur gandum

muzli

séréal

kornfleks

cornflakes

brašno

tarigu

kroason

croissant

zemičke

roti

kruh

roti

tost

roti panggang

keksi

biskuit

maslac

mantéga

svježi sir

dadih

kolač

kuéh

jaje

endog

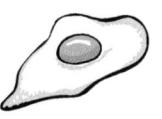

jaje na oko

goréng endog

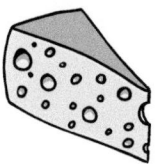

sir

keju

sladoled
eskrim

šećer
gula

med
madu

marmelada
selé

nugat krema
krim coklat

kuri
karé

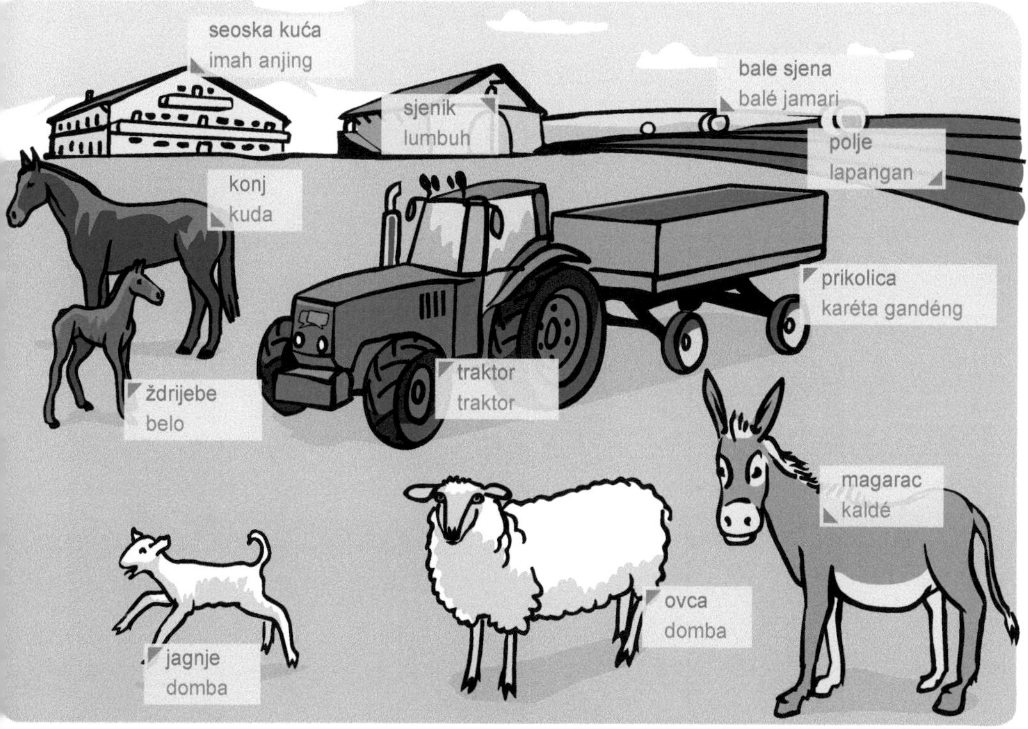

seoska kuća
imah anjing

bale sjena
balé jamari

sjenik
lumbuh

polje
lapangan

konj
kuda

prikolica
karéta gandéng

ždrijebe
belo

traktor
traktor

magarac
kaldé

jagnje
domba

ovca
domba

koza

koza

embé

krava

krava

sapi

tele

tele

bitis

svinja

svinja

bagong

prase

prase

babi

bik

bik

banténg

guska

soang

patka

éntog

pile

pitik

kokoška

hayam

pjetao

hayam jago

pacov

beurit

mačka

ucing

miš

beurit

vol

sapi

pas

anjing

pseća kućica

imah anjing

crijevo za baštu

selang

kanta za zalijevanje

kaléng nyiram

kosa

arit panjang

plug

ngabajak

srp

arit

motika

pacul

vile

garpuh jukut

sjekira

kapak

tačke

gorobah

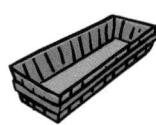

korito

palung

bokal za mlijeko

kaléng susu

vreća

karung

ograda

pager

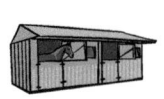

štala

kandang

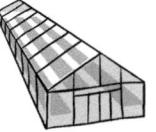

staklenik

imah kaca

tlo

taneuh

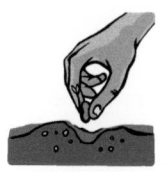

sjeme

benih

đubrivo

pupuk

kombajn

mesin permén

kositi

panén

žetva

panén

jam korijen

yams

pšenica

gandum

soja

kedelé

krompir

kentang

kukuruz

jagong

uljana repica

lobak

drvo voća

tangkal buah

manioka

sampeu

žito

séréal

kuća

imah

dimnjak
serebung
krov
hateup
oluk
pipa talang
prozor
jandéla
garaža
garasi
zvono
bél panto
vrata
panto
kanta za smeće
runtah
poštanski sandučić
kotak surat
bašta
kebon

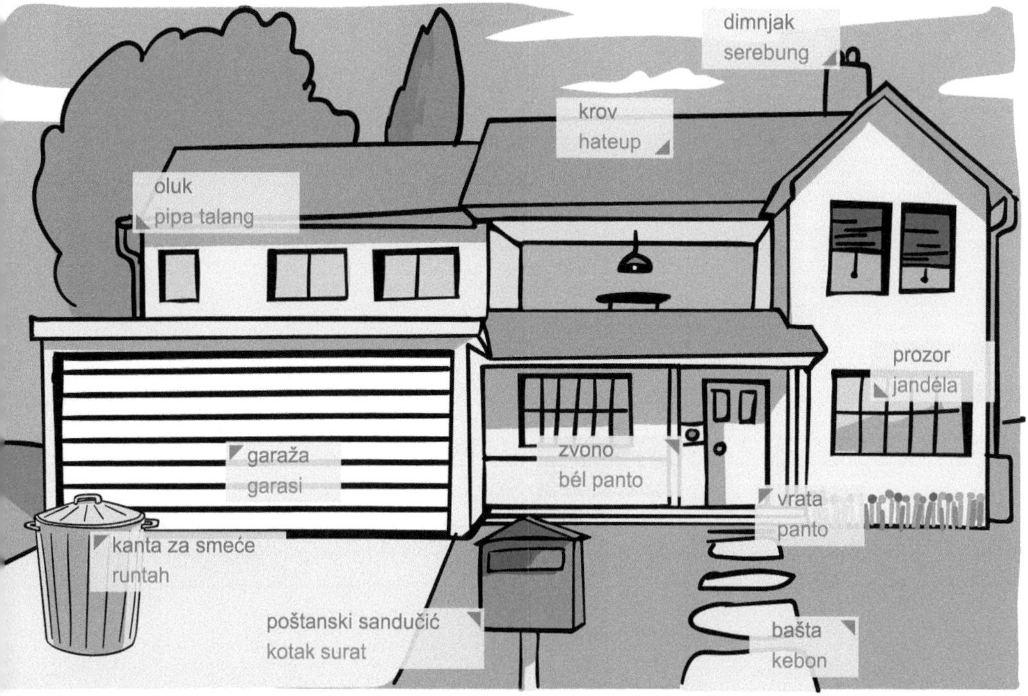

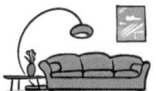

dnevni boravak

rohang tamu

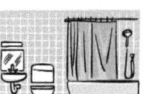

kupatilo

kamar ibak

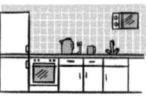

kuhinja

dapur

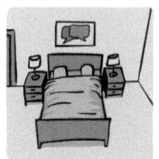

spavaća soba

pangkéng

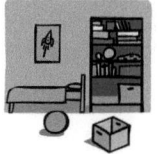

dječija soba

kamar budak

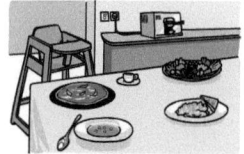

trpezarija

kamar makan

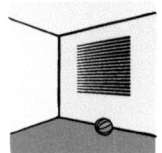

pod, tlo
téhel

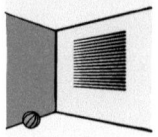

zid
tembok

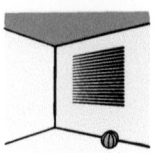

plafon
hateup

podrum
gudang di handap imah

sauna
sauna

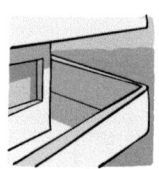

balkon
balkon

terasa
tepas

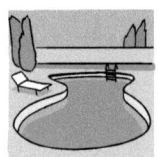

bazen
kolam renang

kosilica
mesin pamotong jukut

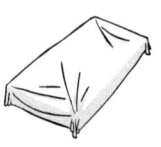

posteljina
sepré

pokrivač
simbut

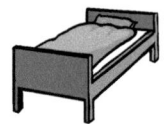

krevet
ranjang

metla
sapu

kanta
émbér

prekidač
tombol

kuća - imah

dnevni boravak

rohang tamu

tapeta
kertas tembok
fotografija
gambar
lampa
lampu
polica
rak
ormar
kabinét
televizija
télévisi
dimnjak
hawu
cvijet
kembang
jastuk
bantal
kauč
sofa
vaza
vas
daljinski upravljač
kadali jauh

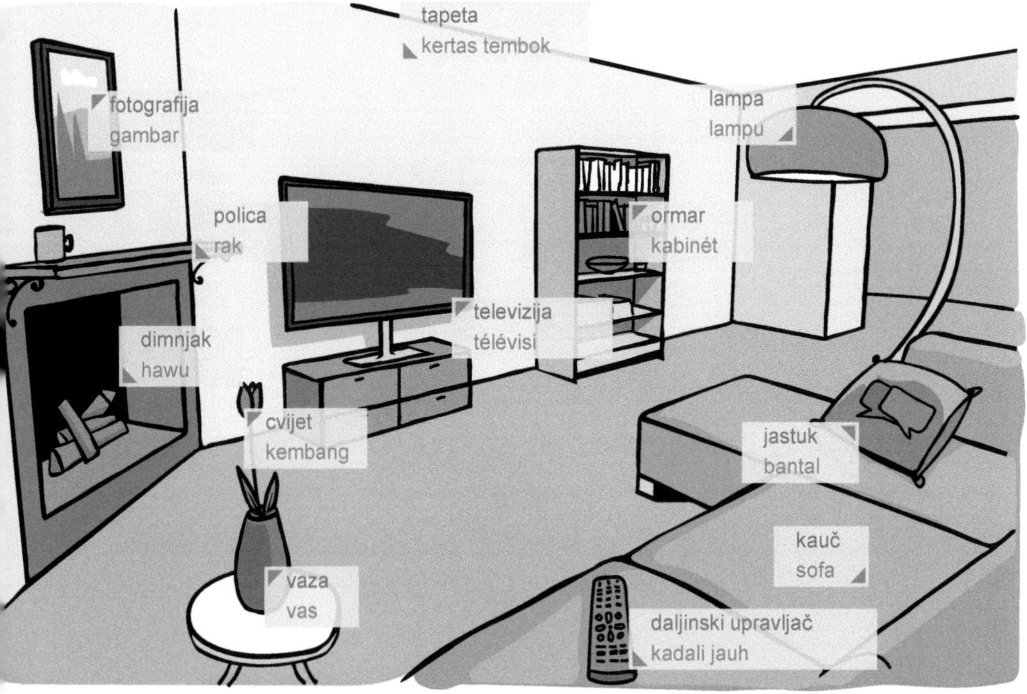

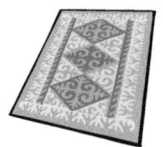

tepih

karpét

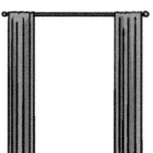

zavjesa

hordéng

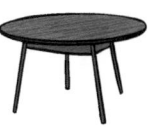

stol

meja

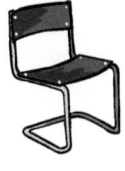

stolica

korsi

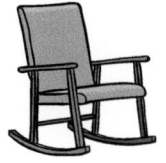

stolica za ljuljanje

korsi goyang

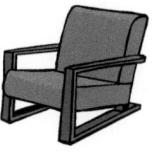

fotelja

korsi malas

knjiga
buku

deka
simbut

dekoracija
dékorasi

ložno drvo
suluh

film
pilem

stereo uređaj
hi-fi

ključ
konci

novine
surat kabar

umjetnička slika
lukisan

poster
poster

radio
radio

blok za bilješke
buku tulis

usisavač
panyedot kebul

kaktus
kaktus

svijeća
lilin

kuhinja
dapur

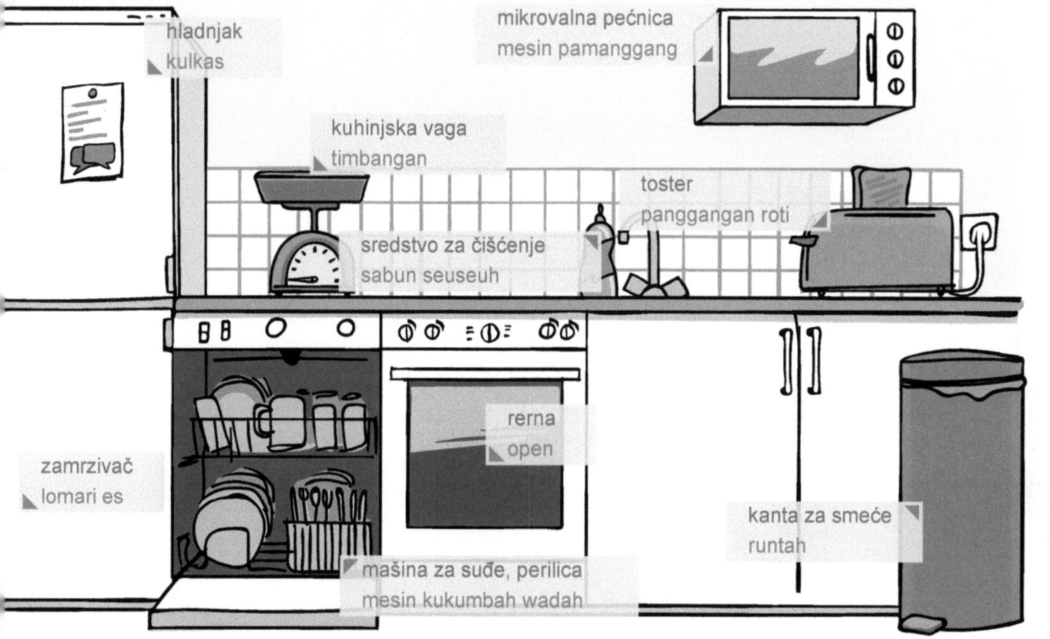

hladnjak
kulkas
mikrovalna pećnica
mesin pamanggang
kuhinjska vaga
timbangan
toster
panggangan roti
sredstvo za čišćenje
sabun seuseuh
rerna
open
zamrzivač
lomari es
kanta za smeće
runtah
mašina za suđe, perilica
mesin kukumbah wadah

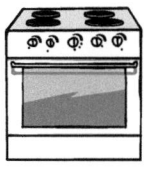

peć

kompor

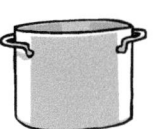

lonac

panci

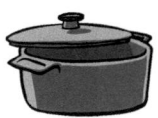

metalni lonac

panci beusi

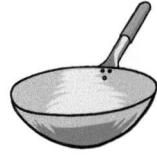

vok / kadai

katél

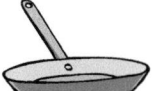

tava, tiganj

panci

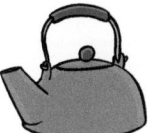

kuhalo

citél

aparat za kuhanje na pari

langseng

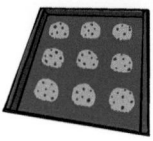

lim za pečenje

baki

posuđe

piring

šalica

cangkir

činija

mangkok

kineski štapići

sumpit

kutlača

sendok sop

lopatica

sérok

metlica za snijeg bjelanjca

pangocok

sito za kuhanje

ayakan

sito

saringan

ribež

parutan

avan s tučkom

mortar

roštilj

daging bakar

ložište

suluh

daska

papan pamotong

oklagija

gilingan

vadičep

alat pambuka tutup botol

konzerva

kaléng

otvarač za konzerve

pambuka kaléng

krpe za lonac

gagang panci

sudoper

tilelep

četka

sikat

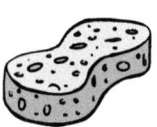

spužva

busa

mikser

blénder

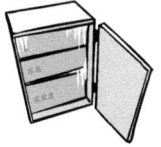

zamrzivač

lomari es

flašica za bebu

botol orok

slavina

keran

kuhinja - dapur

kupatilo
kamar ibak

grijanje
mesin pamanas
tuš
ibak
peškir
anduk
zavjesa za tuš
hordeng kamar ibak
pjenušava kupka
mandi busa
kada
bak mandi
čaša
gelas
mašina za veš
mesin cuci
slavina
keran
pločice
téhel
dječja kahlica
pispot
sudoper
tilelep

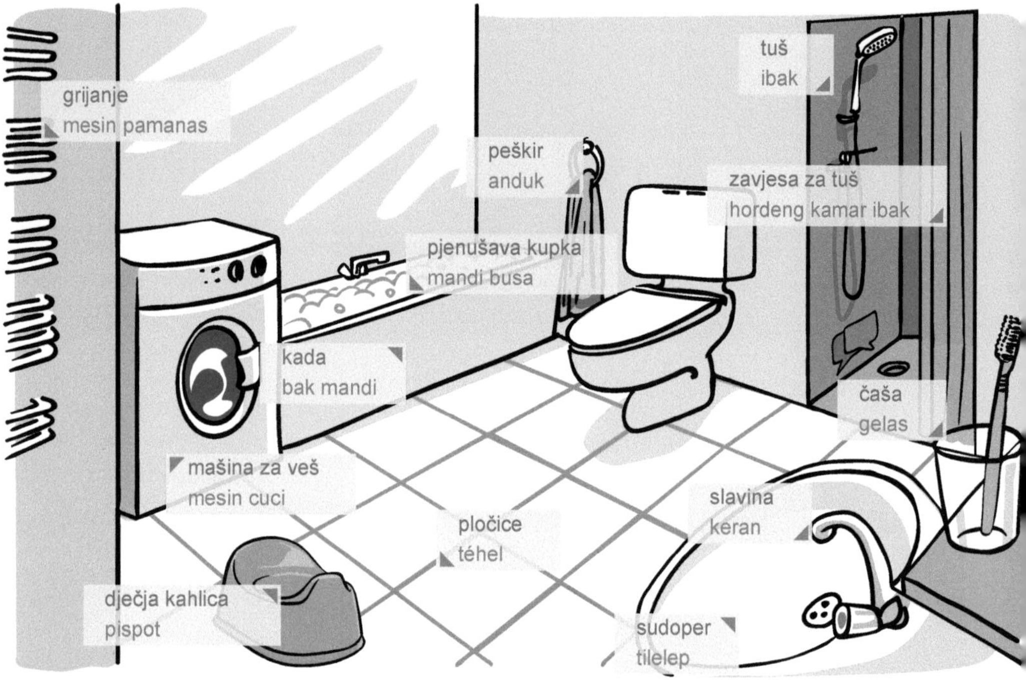

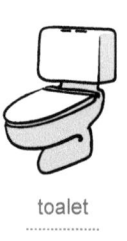

toalet
jamban

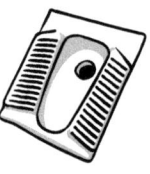

čučavac
cubluk

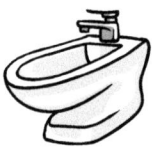

bide
bidét

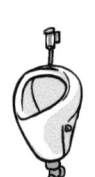

pisoar
urinal

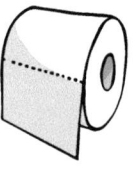

toalet papir
kertas jamban

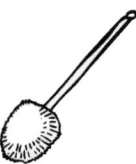

četka za wc
sikat jamban

četkica za zube

sikat huntu

pasta za zube

odol

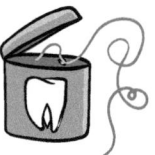

zubni konac

benang gigi

prati

nyeuseuh

tuš

kokocoran leungeun

intimni tuš

kukucuran

lavor

bak

četka za leđa

panyikat tonggong

sapun

sabun

gel za tuširanje

gel ibak

šampon

sampo

krpe za pranje

planél

odvod

nguras

krema

krim

dezodorans

déodoran

ogledalo

eunteung

ogledalo za šminkanje

eunteung leungeun

brijač

péso cukur

pjena za brijanje

busa cukur

vodica poslije brijanja

krim cukur

češalj

sisir

četka

sikat

fen

alat panggaring rambut

sprej za kosu

semprotan rambut

puder

pangrias beungeut

karmin

lipstik

lak za nokte

cét kuku

vata

kapas

makazice za nokte

gunting kuku

parfem

minyak seungit

kozmetička torbica

kantong seuseuh

hoklica

bangku

vaga

timbangan

kupaći ogrtač

baju mandi

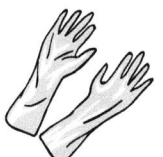

rukavice za čišćenje

sarung tangan karét

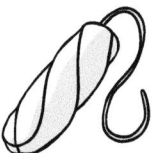

tampon

sampon

uložak za dame

handuk pembalut

hemijski toalet

jamban kimia

dječija soba
kamar budak

budilnik
jam alarem
plišana igračka
boneka
auto za igru
momobilan
zvečka
kelintung
kućica za lutke
imah bonéka
poklon
kado

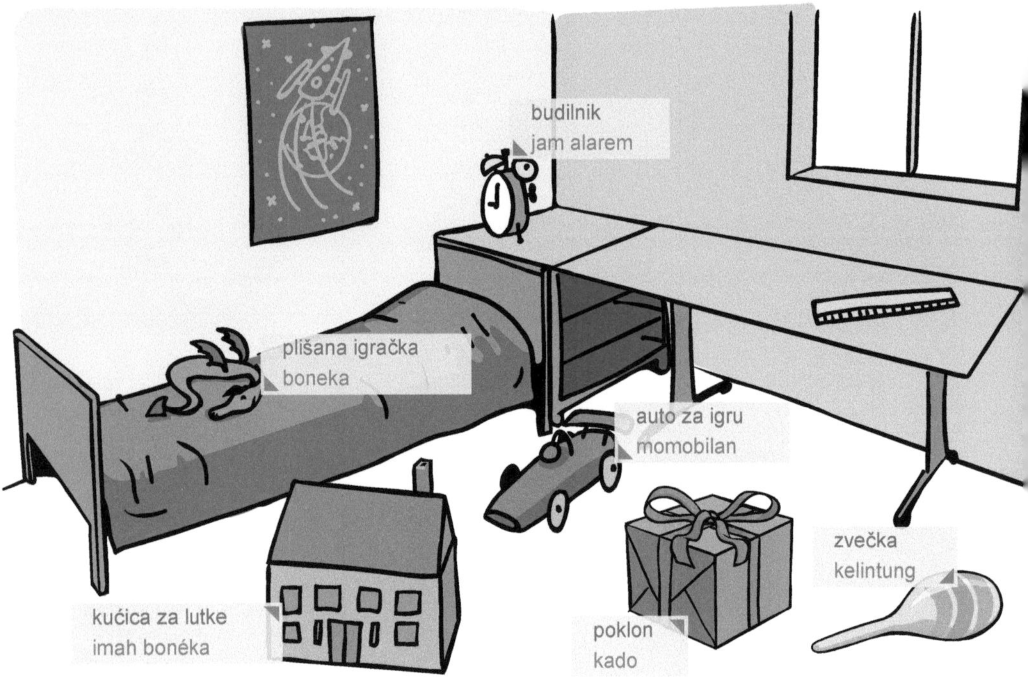

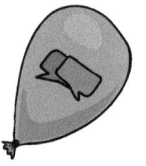

balon
balon

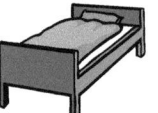

krevet
ranjang

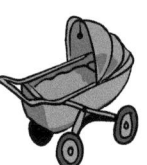

kolica za djecu
karéta orok

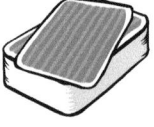

karte za igranje
kartu

puzle
tatarucingan

SUPER MEGA

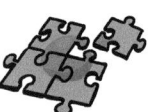

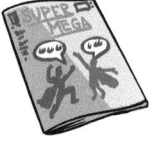

strip
komik

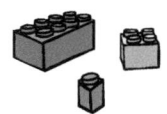
lego kockice
kaulinan lego

kockice za gradnju
kaulinan bentuk blok

akcione figure
figur tokoh

benkica
baju budak

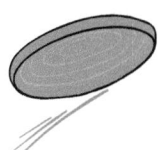
frizbi
frisbee

mobile
mobile

igra na ploči
papan gim

kocka
dadu

miniatura željeznice
set model kareta api

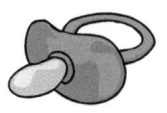
cucla
endot

zabava
pihak

slikovnica
buku gambar

lopta
bal

lutka
bonéka

igrati
ulin

pješćanik

wadah pasir maénan

ljuljačka

ayunan

igračke

kaulinan

konzola za igru

video gim konsol

triciklo

sapedah roda tilu

medvjedić

bonéka beruang

ormar

lomari baju

odjeća
acuk

kratke čarape

kaos kaki

čarape

kaos kaki

hulahopke

baju ketat

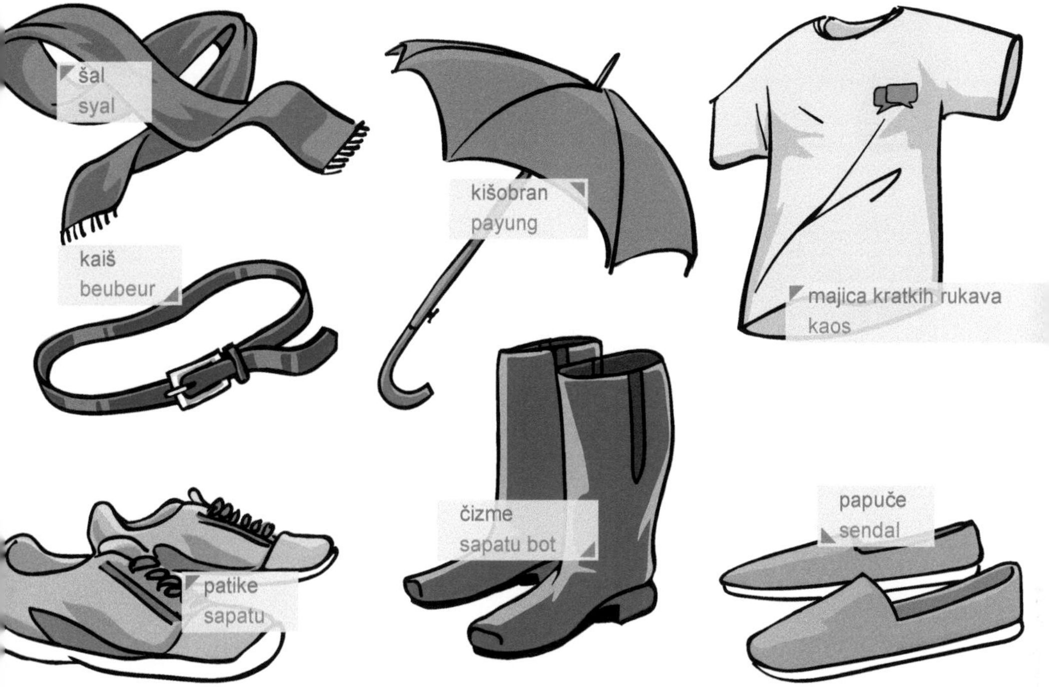

šal
syal

kišobran
payung

majica kratkih rukava
kaos

kaiš
beubeur

čizme
sapatu bot

papuče
sendal

patike
sapatu

sandale

sendal

cipele

sapatu

gumene čizme

sapatu bot karét

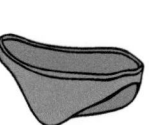

gaće

cangcut

grudnjak

kutang

potkošulja

baju rompi

bodi

awak

hlače

calana

farmerke

jins

suknja

rok

bluza

blus

košulja

kaméja

džemper

jakét tiung

majica

baju haneut

sako

jakét

jakna

jakét

mantil

jakét

kišni mantil

jas hujan

kostim

kostum

haljina

gaun

vjenčanica

gaun pangantén

odijelo

baju resmi

spavaćica

baju saré

pidžama

piyama

sari

sari

marama

tiung

turban

turban

burka

burka

kaftan

kaftan

abaja

abaya

kupaći kostim

baju renang

kupaće gaće

calana renang

kratke hlače

calana péndék

trenerka

orang raga

pregača

celemék

rukavice

sarung tangan

dugme

kancing

naočare

kaca soca

narukvica

gelang

ogrlica

kongkorong

prsten

ali

naušnica

giwang

kapa

topi

vješalica

gantungan jakét

šešir

topi

kravata

dasi

patentni zatvarač

risléting

kaciga

hélem

tregeri za hlače

tali salémpang

školska uniforma

saragam sakola

uniforma

saragam

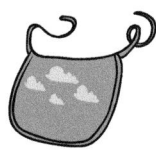

podbradak

apron orok

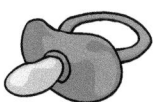

cucla

endot

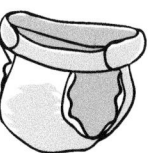

pelene

popok

ured
kantor

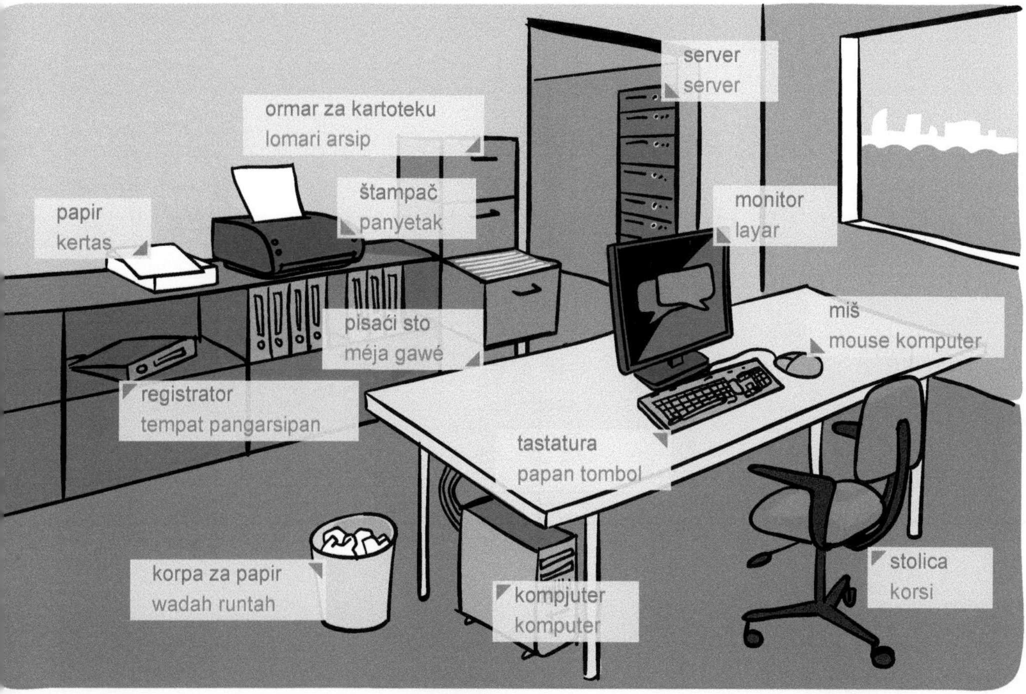

server
server
ormar za kartoteku
lomari arsip
štampač
panyetak
papir
kertas
monitor
layar
miš
mouse komputer
pisaći sto
méja gawé
registrator
tempat pangarsipan
tastatura
papan tombol
korpa za papir
wadah runtah
kompjuter
komputer
stolica
korsi

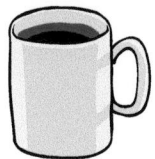

šolja za kafu

cangkir kopi

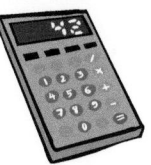

kalkulator

kalkulator

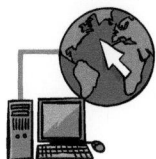

internet

internét

laptop

laptop

pismo

surat

poruka

pesen

mobilni telefon

telpon sélulér

mreža

jaringan

aparat za kopiranje

fotokopi

softver

software

telefon

telpon

utičnica

plug sokét

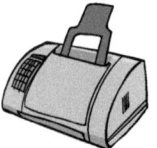

faks

mesin fax

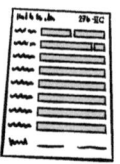

formular

formulir

dokument

dokumén

kupovati

mésér

platiti

mayar

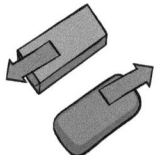

trgovati

dagang

novac

artos

dolar

dollar

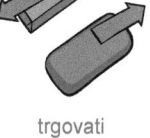

euro

euro

jen

yen

rublja

rubel

franak

Franc swiss

renminbi jen

renminbi yuan

rupi

rupiah

bankomat

ATM

mjenjačnica

kantor pertukaran mata uang

zlato

emas

srebro

pérak

nafta

minyak

energija

énérgi

cijena

harga

ugovor

kontrak

porez

pajak

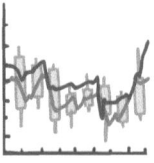

akcija

saham

raditi

gawé

službenik

karyawan

poslodavac

dunungan

fabrika

pabril

radnja

toko

ekonomija - ékonomi

zanimanja
pagawéan

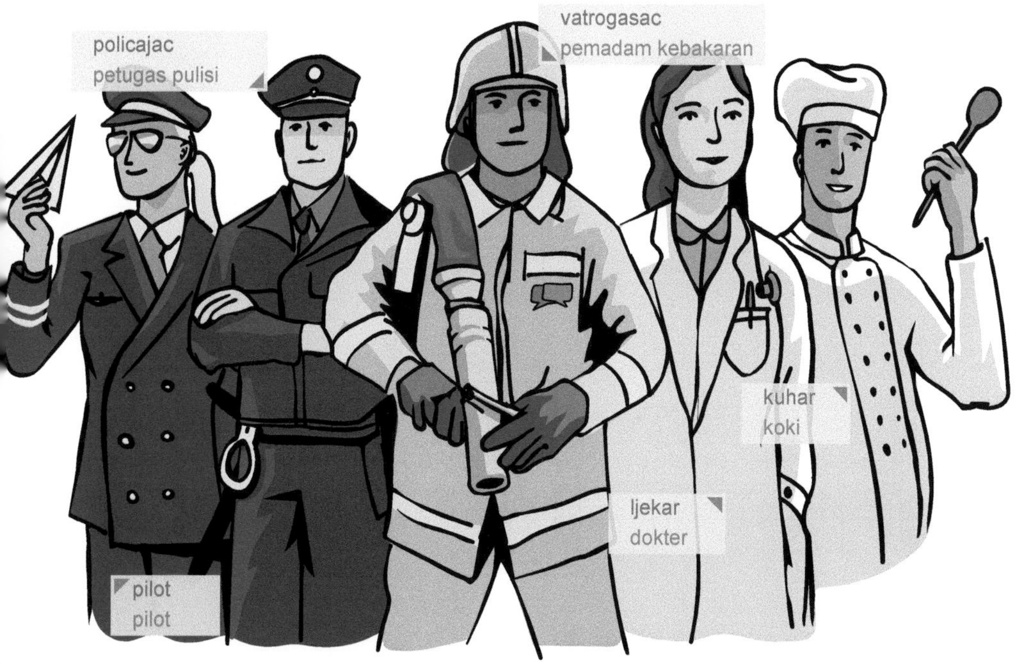

vatrogasac
pemadam kebakaran
policajac
petugas pulisi
kuhar
koki
ljekar
dokter
pilot
pilot

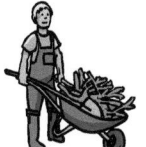

baštovan

tukan kebon

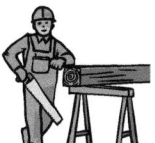

stolar

tukang kai

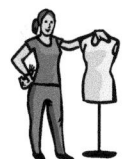

krojačica

tukang jait awéwé

sudija

hakim

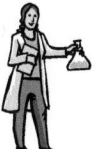

hemičar

ahli kimia

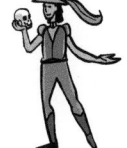

glumac

aktor

vozač autobusa

sopir beus

vozač taksija

sopir taksi

ribar

nalayan

čistačica

pembantu

krovopokrivač

tukang hateup

konobar

badega

lovac

tukang muru

moler

pelukis

pekar

tukang roti

električar

tukang listrik

građevinski radnik

tukang bangun

inženjer

insinyur

koljač

tukang daging

limar, vodoinstalater

tukang pipa

poštar

tukang pos

vojnik

tentara

arhitekta

arsiték

blagajnik

kasir

cvjećar

tukang kembang

frizer

tukang salon

kontrolor

konduktor

mehaničar

tukang méngkél

kapiten

kaptén

zubar

dokter gigi

naučnik

ilmuwan

rabin

rabbi

imam

imam

monah

biarawan

sveštenik

pendéta

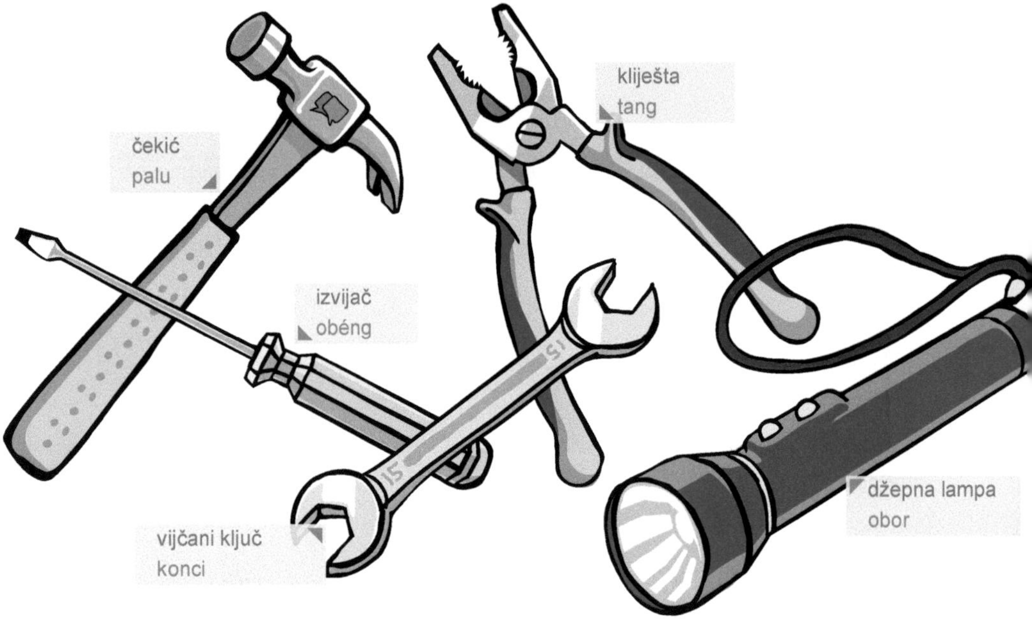

čekić
palu

kliješta
tang

izvijač
obéng

vijčani ključ
konci

džepna lampa
obor

bager	kutija sa alatom	ljestve
panggali	kantong parkakas	tangga

testera, pila	ekser	bušilica
ragaji	paku	bor

popraviti
ngabenerkeun

lopata
sekop

sranje!
Kéhéd!

lopatica
pengki

kanta boje
pot cét

vijak
sekrup bor

muzički instrumenti
alat musik

zvučnik
spiker

bubnjevi
alat dreum

gitara
gitar

kontrabas
bas

truba
tarompét

klavir

piano

violina

violin

bas

bas

bubanj timpani

tambur

bubanj

dreum

sintisajzer

keyboard

saksofon

saksofon

flauta

suling

mikrofon

mikrofon

zološki vrt

kebon binatang

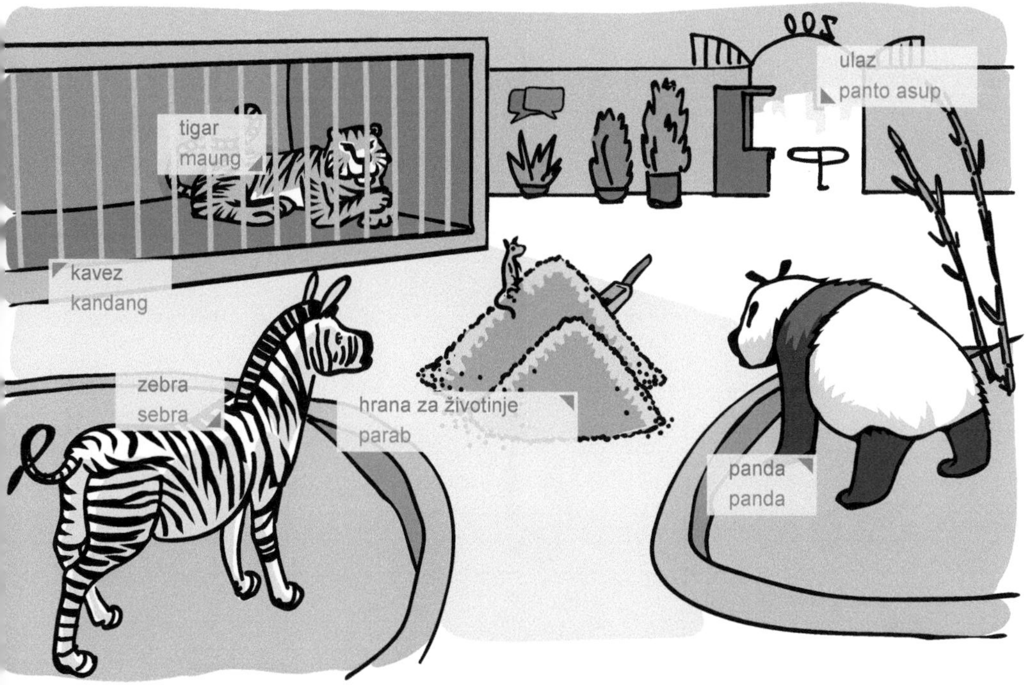
ulaz
panto asup
tigar
maung
kavez
kandang
zebra
sebra
hrana za životinje
parab
panda
panda

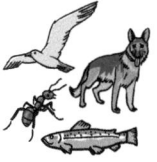

životinje

sato

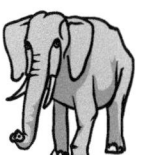

slon

gajah

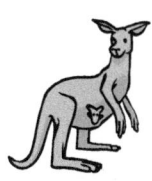

kengur

kanguru

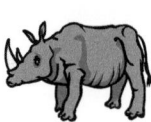

nosorog

badak

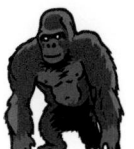

gorila

gorila

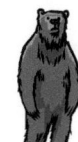

medvjed

biruang

kamila

onta

noj

manuk onta

lav

singa

majmun

monyét

flamingo

flamingo

papagaj

manuk béo

polarni medvjed

biruang polar

pingvin

penguin

morski pas

hiu

paun

merak

zmija

oray

krokodil

buaya

čuvar u zološkom vrtu

tukang jaga kebon binatang

tuljan

anjing laut

jaguar

jaguar

poni

kuda poni

leopard

macan tutul

nilski konj

kuda nil

žirafa

jerapah

orao

heulang

divlja svinja

bagong

riba

lauk

kornjača

kuya

morž

anjing laut

lisica

robah

gazela

kijang

američki fudbal
sepak bola Amérika

vožnja bicikla
sasapédahan

tenis
ténis

košarka
baskét

plivanje
renang

boks
tinju

hokej na ledu
hoki és

fudbal

sépak bola

bedminton

badminton

laka atletika

atletik

rukomet

bola tangan

skijanje

ski

polo

polo

aktivnosti
aktivitas

smijati se
seuri
skakati
ngaganjleng
zagrliti
nangkeup
ići
leumpang
pjevati
nyanyi
sanjati
ngimpén
moliti
ngadoa
ljubiti
nyium

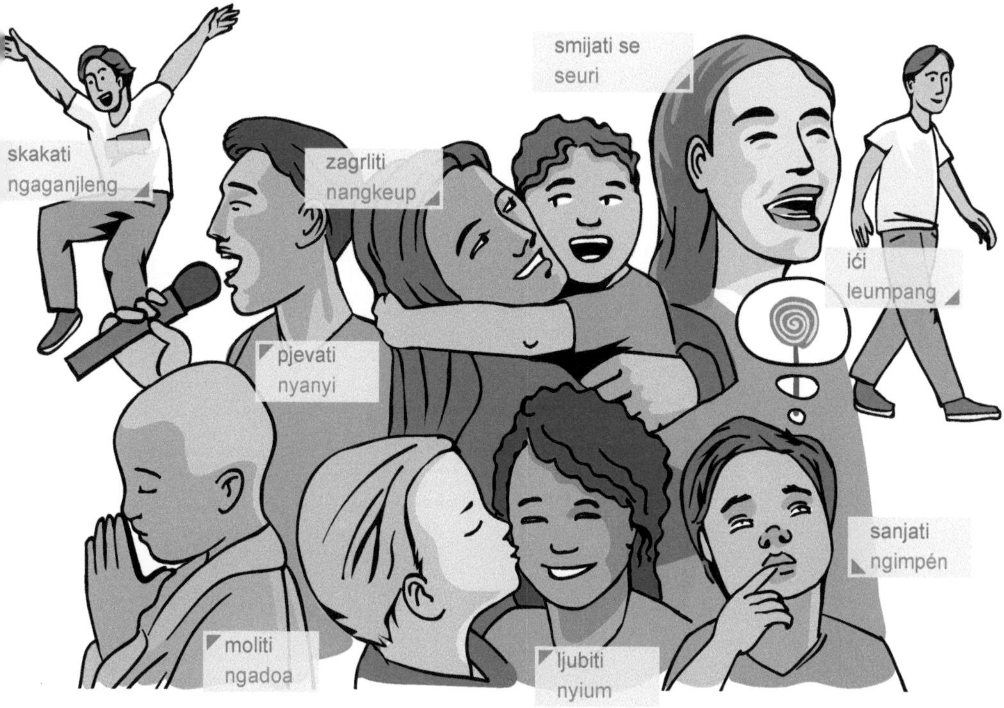

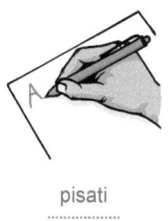

pisati

nyerat / nulis

crtati

ngalukis

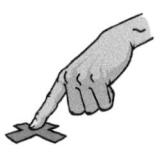

pokazati

ningalikeun

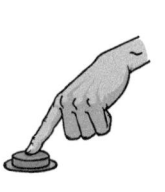

gurati

ngadorong

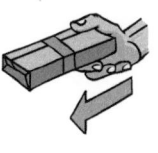

dati

méré

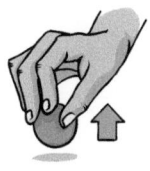

uzeti

mawa

imati

boga

raditi

ngalakukeun

biti

nya éta

stajati

tatih

trčati

lumpat

vući

narik

baciti

malédog

pasti

ragrag

ležati

saré

čekati

nungguan

nositi

nyandak

sjediti

diuk

obući

anggé acuk

spavati

saré

probuditi

hudang

pogledati	**plakati**	**milovati**
ningali	méwék	ngusapan

češljati	**govoriti**	**razumjeti**
nyisir	nyarita	ngarti

pitati	**slušati**	**piti**
naros	ngadéngé	nginum

jesti	**pospremiti**	**voljeti**
dahar	bébérés	bogoh

kuhati	**voziti**	**letjeti**
masak	nyetir	hiber

jedriti

balayar

računati

ngitung

čitati

maca

učiti

diajar

raditi

gawé

vjenčavti

kawin

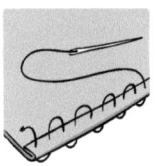

šiti

ngajait

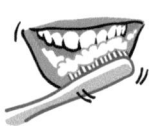

prati zube

sikat huntu

ubiti

maéhan

pušiti

ngarokok

slati

ngirim

porodica
kulawarga

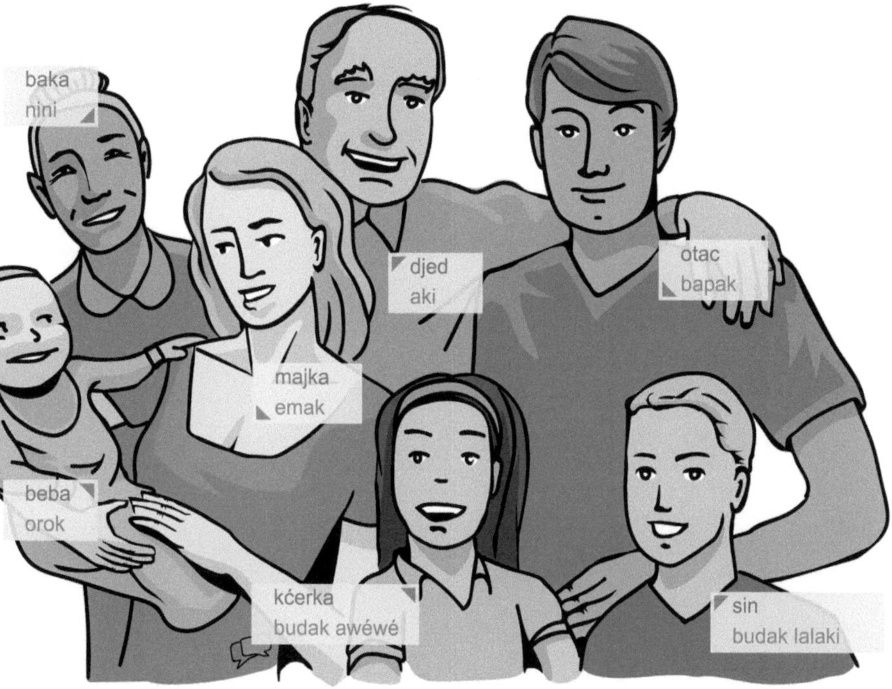

baka
nini
djed
aki
otac
bapak
majka
emak
beba
orok
kćerka
budak awéwé
sin
budak lalaki

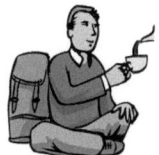

gost

tamu

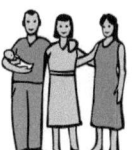

ujna, tetka, strina

bibi

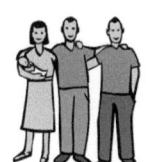

ujak, tetak, stric

emang

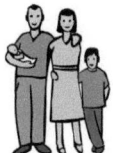

brat

aa

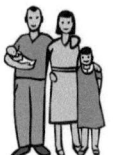

sestra

tétéh

tijelo

awak

čelo
taar
oko
panon
leđa
taktak
prst
ramo
lice
beungeut
brada
gado
ruka, šaka
leungeun
noga
suku
grudi
dada
ruka
leungeun

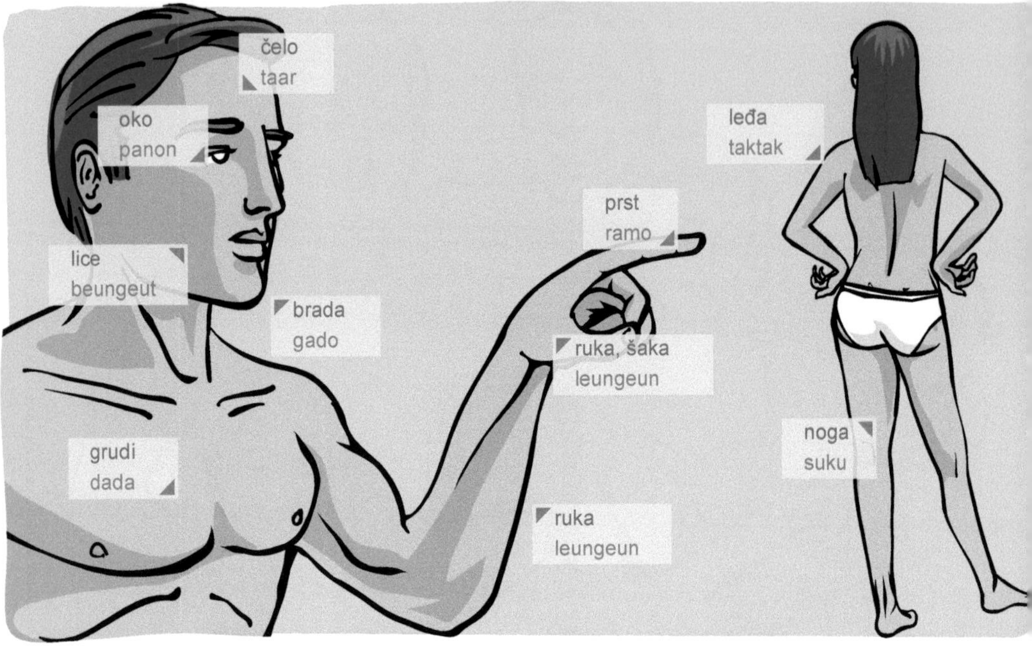

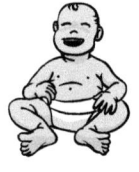

beba

orok

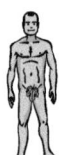

muškarac

lalaki

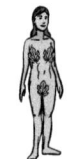

žena

awéwé

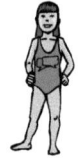

djevojčica

awéwé

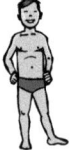

dječak

lalaki

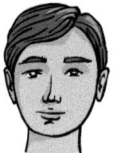

glava

sirah

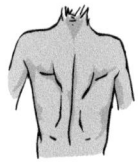

leđa
tonggong

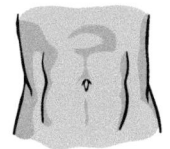

stomak
beuteung

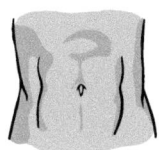

pupak
bujal

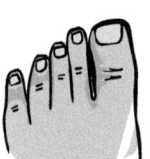

nožni prst
jempol

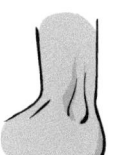

peta
keuneung

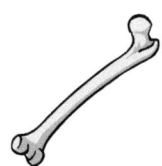

kosti
tulang

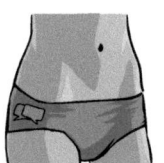

kuk
cangkéng

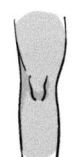

koljeno
tuur

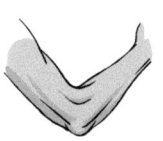

lakat
sikut

nos
irung

stražnjica
bujur

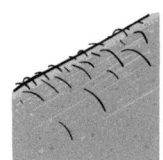

koža
kulit

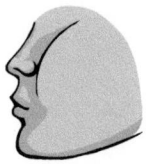

obraz
pipi

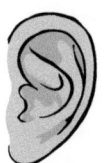

uho
ceuli

usna
biwir

usta

baham

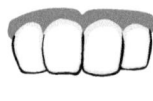

zub

huntu

jezik

létah

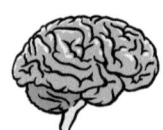

mozak

uteuk

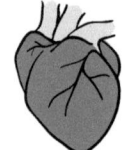

srce

haté

mišić

otot

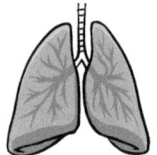

pluća

bayah

jetra

ati

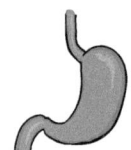

želudac

lambung

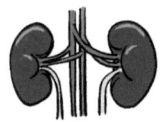

bubreg

ginjal

spolni odnos

sapatemon

kondom

kondom

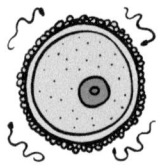

jajna ćelija

sél telur

sperma

spérma

trudnoća

kakandungan

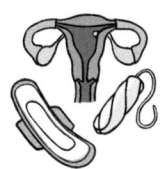

menstruacija

haid

vagina

heunceut

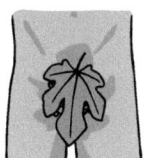

penis

sirit

obrva

halis

kosa

buuk

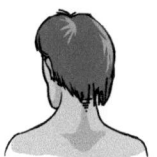

vrat

beuheung

bolnica
rumah sakit

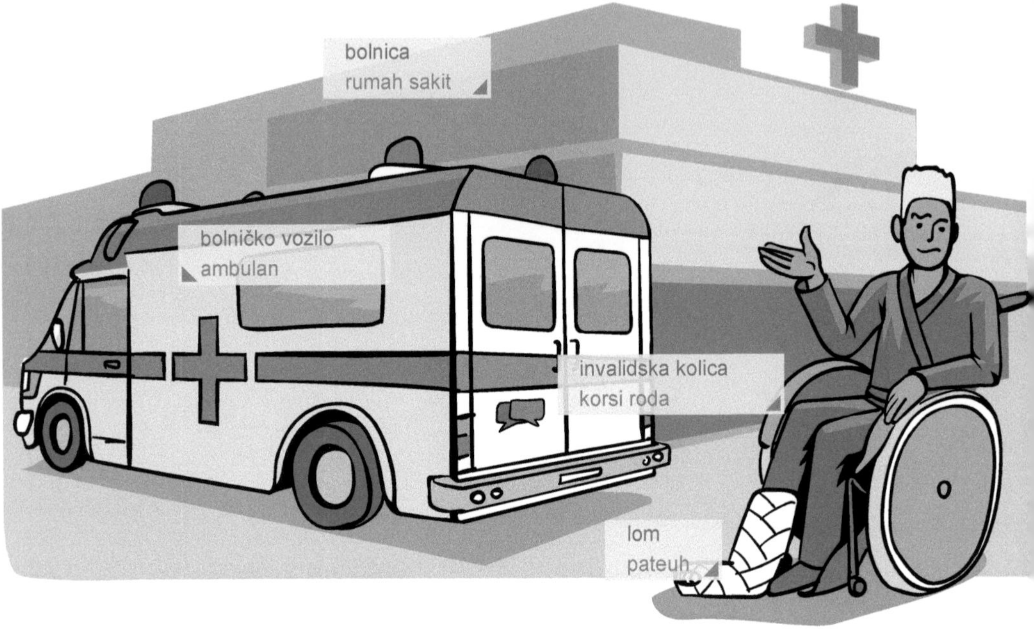

bolnica
rumah sakit
bolničko vozilo
ambulan
invalidska kolica
korsi roda
lom
pateuh

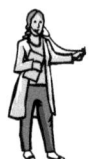

ljekar
dokter

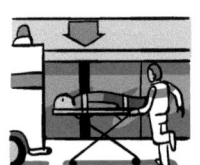

hitna služba
rohang darurat

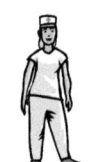

medicinska sestra
parawat

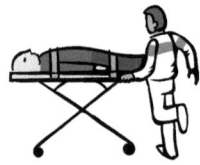

hitna pomoć
darurat

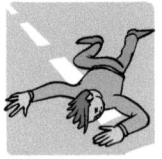

nesvjest
pingsan

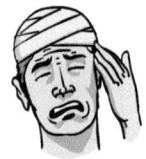

bol
nyeri

povreda

tatu

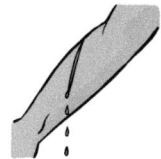

krvarenje

ngaluarkeun getih

srčani udar, infarkt

jantungan

moždani udar

strok

alergija

alérgi

kašalj

batuk

groznica

muriang

gripa

salésma

proljev

birit

glavobolja

rieut

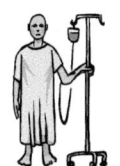

rak

kanker

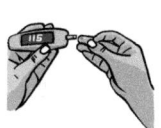

dijabetes

diabétés

hirurg

ahli bedah

skalpel

péso bedah

operacija

operasi

CT

CT

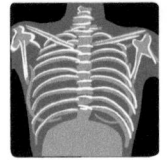

rendgen

sinar x

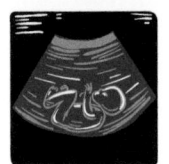

ultrazvuk

usg

maska

topéng

bolest

panyakit

čekaonica

rohang tunggu

štake

pangrojong

flaster

paléstér

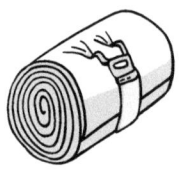

zavoj

perban

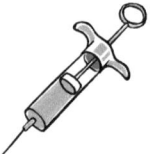

injekcija

injéksi

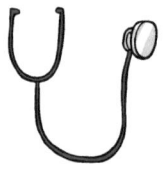

stetoskop

stétoskop

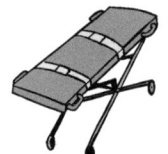

nosilo

tandu

termometar

termométer klinis

porod

kalahiran

prekomjerna težina, debljina

obésitas

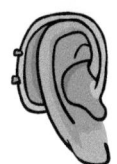

slušni aparat

alat bantu dédéngéan

sredstvo za dezinfekciju

désinféktan

infekcija

inféksi

virus

virus

HIV/ AIDS

HIV / AIDS

medicina

obat

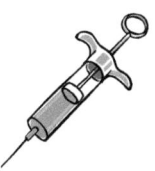

vakcinacija

vaksinasi

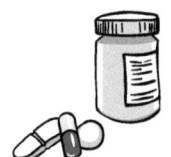

tablete

tablét

pilula

pil

hitni poziv

panggilan darurat

aparat za mjerenje pritiska

ngukur ténsi

bolestan / zdrav

gering / séhat

Upomoć!

Tulung!

alarm

alarem

napad, prepad

gangguan

napad

narajang

opasnost

bahaya

izlaz u slučaju opasnosti

panto darurat

Požar!

Seuneu!

vatrogasni aparat

alat pemadam kabakaran

nezgoda

kacilakaan

torba prve pomoći

kotak P3K

SOS

SOS

policija

pulisi

Europa

Eropa

Sjeverna Amerika

Amérika Utara

Južna Amerika

Amérika Selatan

Afrika

Afrika

Azija

Asia

Australija

Australi

Atlantik

Atlantik

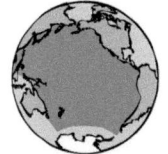

Pacifik

Pasifik

Indijski okean

Samudra Hindia

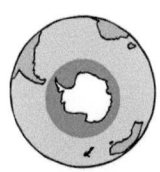

Antarktički okean

Samudra Antartika

Arktički okean

Samudra Arktik

Sjeverni pol

Kutub Utara

Južni pol

Kutub Selatan

Antarktik

Antartika

Zemlja

Bumi

zemlja

tanah

more

laut

ostrvo

pulau

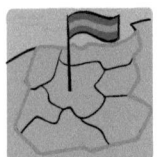

nacija

bangsa

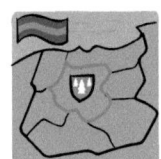

država

nagara

brojčanik sata

jam wajah

kazaljka sata

jarum péndék

kazaljka minute

jarum menit

kazaljka sekunde

jarum detik

Koliko je sati?

Tabuh sabaraha?

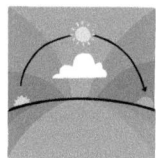

dan

poé

vrijeme

waktos

sada

ayeuna

digitalni sat

jam digital

minuta

menit

sat

jam

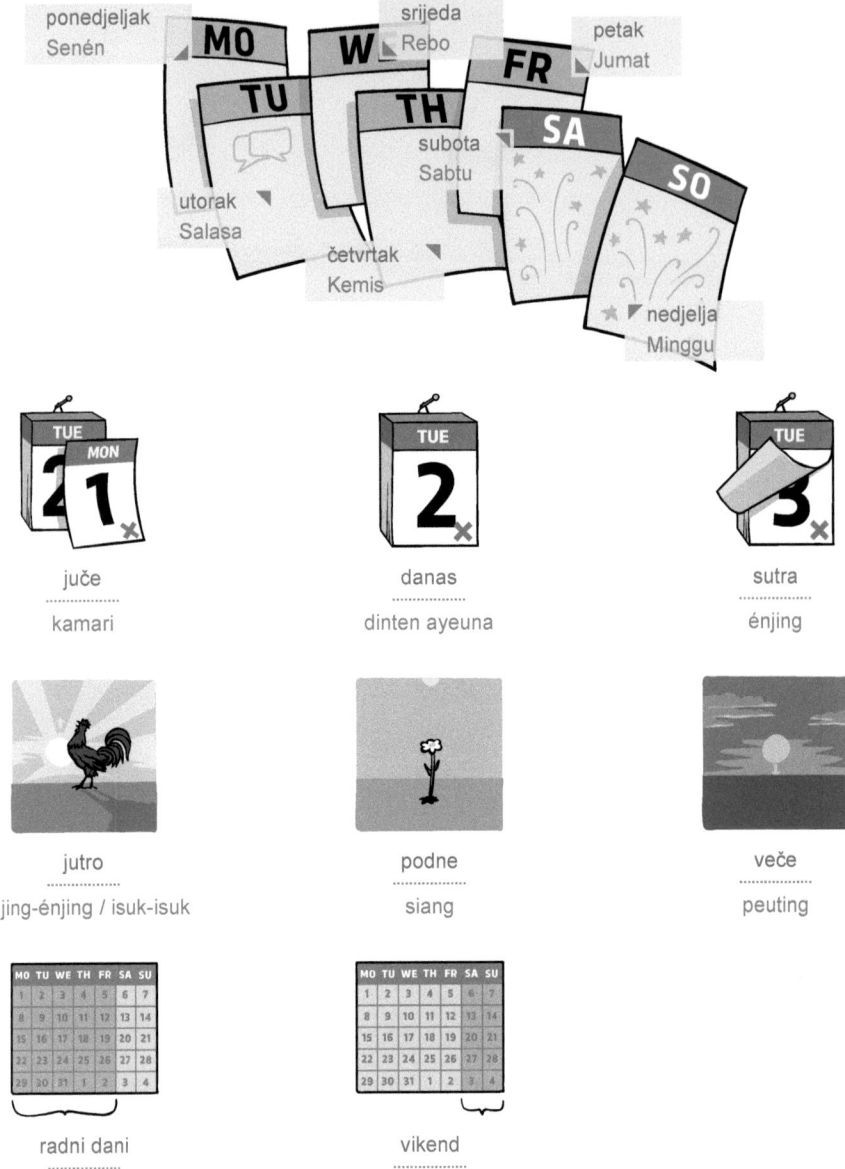

ponedjeljak
Senén

MO

srijeda
Rebo

W

petak
Jumat

FR

TU

TH

SA

SO

utorak
Salasa

subota
Sabtu

četvrtak
Kemis

nedjelja
Minggu

juče
kamari

danas
dinten ayeuna

sutra
énjing

jutro
énjing-énjing / isuk-isuk

podne
siang

veče
peuting

radni dani
poé gawé

vikend
akhir minggu

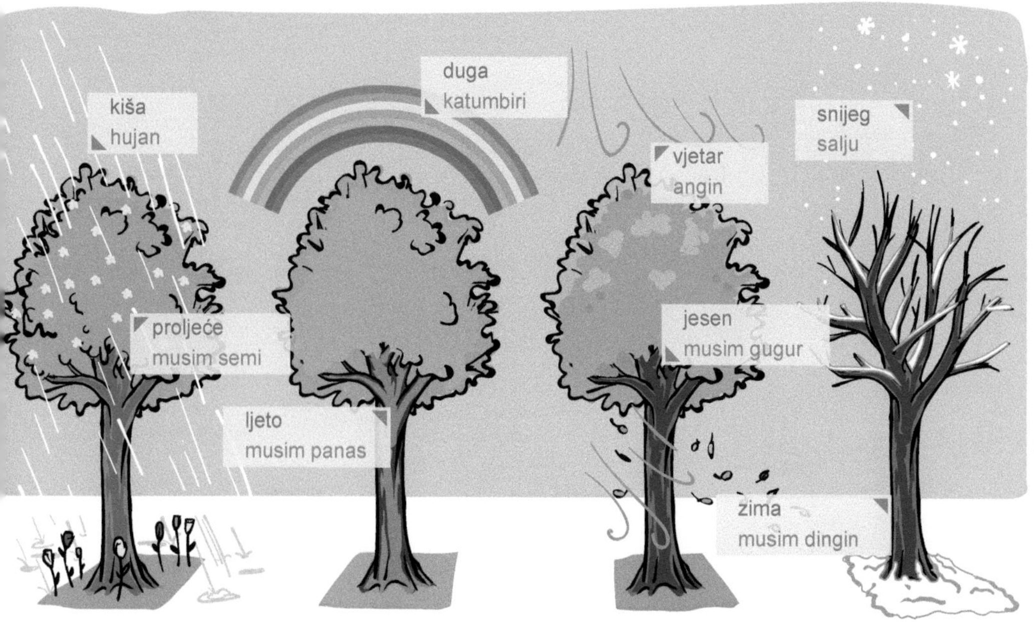

kiša
hujan
duga
katumbiri
snijeg
salju
vjetar
angin
proljeće
musim semi
jesen
musim gugur
ljeto
musim panas
zima
musim dingin

4.APRIL 11°
5.APRIL 4°
6.APRIL 13°
7.APRIL 8°
8.APRIL 10°

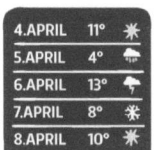

prognoza vremena

ramalan cuaca

F C
120 40
90 30
60 20
30 10
0 0
-30 -10
-20

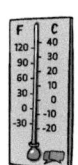

termometar

térmométer

sunčev sjaj

panon poé

oblak

awan

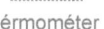

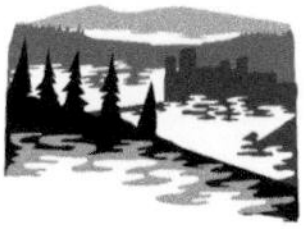

magla

pepedut

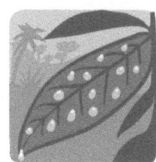

vlažnost vazduha

kelembaban

munja

gelap

grom

guntur

oluja

badai

tuča, led

hujan és

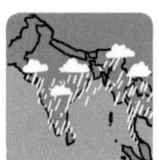

monsun

angin muson

poplava

caah

led

és

januar

Januari

februar

Pébruari

mart

Maret

april

April

maj

Mei

juni

Juni

juli

Juli

avgust

Agustus

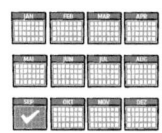

septembar
....
Séptémber

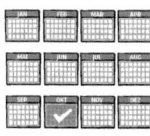

oktobar
....
Oktober

novembar
....
Nopémber

decembar
....
Désémber

oblici
bentuk

krug
....
buleudan

kvadrat
....
persegi

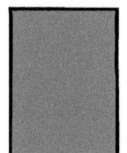

pravougao
....
persegi panjang

trougao
....
segi tiga

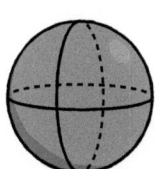

kugla
....
bola

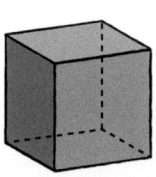

kocka
....
kubus

bjel

bodas

žut

konéng

narandžast

oranyeu

pink

kayas

crven

beureum

ljubičast

bungur

plav

bulao

zelen

héjo

smeđ

coklat

siv

abu-abu

crn

hideung

malo / mnogo

loba / saeutik

ljutit / miran

ambek / kalem

lijep / ružan

geulis / goreng

početak / kraj

ngamimitian / réngsé

veliki / mali

gedé / leutik

svijetlo / tamno

caang / poék

brat / sestra

dulur lalaki / dulur awéwé

čist / prljav

bersih / kotor

potpun / nepotpun

lengkep / teu lengkep

dan / noć

poé / peuting

mrtav / živ

paéh / hirup

široko / usko

lega / heureut

ukusno / neukusno

bisa didahar / teu bisa didahar

zao / prijatan

jahat / bageur

uzbuđen / dosadan

sumanget / bosen

debeo / mršav

badag / begang

najprije / najkasnije

kahiji / terakhir

prijatelj / neprijatelj

baturan / musuh

pun / prazan

pinuh / kosong

trvd / mekan

heuras / lemes

težak / lagan

beurat / hampang

glad / žeđ

kalaparan / haus

bolestan / zdrav

gering / séhat

ilegalan / legalan

ilegal / legal

inteligentan / glup

calakan / bodo

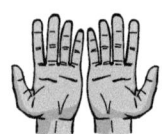

lijevo / desno

kénca / katuhu

blizu / daleko

deukeut / jauh

nov / polovan

anyar / urut

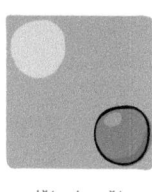

ništa / nešto

euweuh nanaon / aya nanaon

star / mlad

kolot / ngora

uključeno / isključeno

hurung / pareum

otvoreno / zatvoreno

buka / tutup

tiho / glasno

jempé / gandéng

bogat / siromašan

beunghar / sangsara

tačno / pogrešno

bener / salah

hrapav / glatak

kasar / lemes

tužan / srećan

sedih / gumbira

kratak / dug

pendék / panjang

spor / brz

alon / gancang

mokro / suho

baseuh / garing

toplo / hladno

haneut / tiis

rat / mir

perang / damai

0

nula

nol

1

jedan

hiji

2

dva

dua

3

tri

tilu

4

četiri

opat

5

pet

lima

6

šest

genep

7

sedam

tujuh

8

osam

dalapan

9

devet

salapan

10

deset

sapuluh

11

jedanaest

sawelas

12

dvanaest

duawelas

13

trinaest

tiluwelah

14

četrnaest

opatwelas

15

petnaest

limawelas

16

šesnaest

genepwelas

17

sedamnaest

tujuhwelas

18

osamnaest

dalapanwelas

19

devetnaest

salapanwelas

20

dvadeset

duapuluh

100

sto

saratus

1.000

hiljada

sarébu

1.000.000

milion

sajuta

engleski

Inggris

američki engleski

basa Inggris Amerika

kinesko mandarinski

basa Cina Mandarin

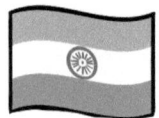

hindi

basa Hindi

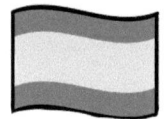

španski

basa Spanyol

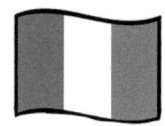

francuski

basa Perancis

arapski

basa Arab

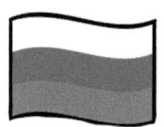

ruski

basa Rusia

portugalski

basa Portugis

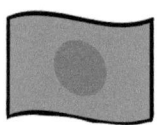

bengalski

basa Bengal

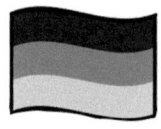

njemački

basa Jerman

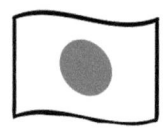

japanski

basa Jepang

ja
....
urang

ti
....
manéh

♂ ♀ ○

on / ona / ono
....
anjeunna / manéhna

mi
....
arurang

vi
....
maranéh

oni
....
aranjeunna / maranéhna

ko?
....
saha?

šta?
....
naon?

kako?
....
kumaha?

gdje?
....
di mana?

kada?
....
iraha?

HELLO, I AM

ime
....
wasta / ngaran

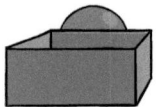

iza

di tukang

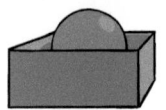

u

di

pred

di hareup

iznad

di luhureun

na

di luhur

ispod

di handapeun

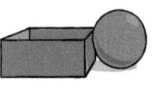

pored

di gigir

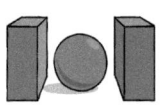

između

antawis

mjesto

tempat